Lingo4you

Sprachführer Englisch

Heike Pahlow

Nützliche Vokabeln und Redewendungen für den Urlaub.

Weitere Bücher und Angebote zum Sprachenlernen
finden Sie auf unserer Webseite

www.lingo4u.de

LINGO4YOU

© Lingo4you, Machern bei Leipzig

Alle Rechte vorbehalten. Nachdruck, auch auszugsweise, nur mit
ausdrücklicher Genehmigung gestattet.

1. Auflage 2009

ISBN: 978-3-8391-3578-5

Autor: Heike Pahlow
Gestaltung: Mario Müller
Lektorat: Lorraine O'Leary

Herstellung und Verlag: Books on Demand GmbH, Norderstedt
Titelfoto: Lukas Skarits, Fotolia.com
Illustrationen: Stefanie Czapla

Bibliografische Information der Deutschen Nationalbibliothek

Die Deutsche Nationalbibliothek verzeichnet diese Publikation in der
Deutschen Nationalbibliografie; detaillierte bibliografische Daten sind im
Internet über dnb.d-nb.de abrufbar.

Printed in Germany

Inhalt

Wichtige Sätze

Begrüßung

Hallo!	Hello!
Guten Morgen. (*bis 12 Uhr mittags*)	Good morning.
Guten Tag. (*ab 12 Uhr mittags*)	Good afternoon.
Guten Abend	Good evening.

Verabschiedung

Tschüs!	Bye.
Bis dann.	See you.
Auf Wiedersehen.	Good bye.
Ich muss los.	I have to go.
Ich hab's eilig.	I'm in a hurry.
Bis morgen.	See you tomorrow.
Bis später./Bis dann.	See you later.
Bis bald.	See you soon.
Bis heute Nachmittag.	See you this afternoon.
Bis heute Abend.	See you tonight.
Gute Nacht.	Good night.

Verständigungsschwierigkeiten

Ich verstehe nicht.	I don't understand.
Ich habe das nicht verstanden.	I didn't understand.

Könnten Sie ... sprechen?
  langsamer
  lauter
  deutlicher
	Could you speak ..., please?
	  more slowly
	  louder
	  more clearly

Könnten Sie das bitte ...?
  wiederholen
  buchstabieren
  aufschreiben
	Could you ..., please?
	  repeat
	  spell that
	  write it down

Was haben Sie gesagt?	What did you say?
Wie bitte?	Pardon?
Mein Englisch ist nicht so gut.	My English isn't very good.
Sprechen Sie Deutsch?	Do you speak German?
Wie heißt ... auf Englisch?	How do you say ... in English?

Höflichkeitsfloskeln

Ja.	Yes.
Nein.	No.
Ja, bitte.	Yes, please.
Nein, danke.	No, thank you.
Vielleicht.	Maybe.
Ich weiß nicht.	I don't know.
Danke.	Thank you./Thanks.
Bitte. *(gern geschehen)*	You're welcome.
Bitte. *(man bittet um etwas)*	Please.
Bitte. *(man übergibt etwas)*	Here you are.
Entschuldigung. *(beim Ansprechen)*	Excuse me.
Entschuldigung./Es tut mir leid. *(um Verzeihung bitten)*	Sorry./I'm sorry.
Entschuldigen Sie mich einen Moment.	Excuse me for a moment.

Wünsche/Glückwünsche

Viel Glück/Erfolg!	Good luck!
Viel Spaß!	Have fun!/Have a good time.
Gute Reise!	Have a safe journey!
Gute Besserung!	Get well soon!
Viele Grüße an /Grüße/Grüßt ...	Say hello to ...
Herzlichen Glückwunsch zum Geburtstag!	Happy Birthday.
Alles Gute!	All the best.
Alles Gute zum Hochzeitstag!	Happy Anniversary.
Frohe Ostern!	Happy Easter!
Frohe Weihnachten!	Merry Christmas!
Gesundes neues Jahr!	Happy New Year!

Zustimmen und Ablehnen

Muss ich das tun?	Do I have to do that?
Ich habe keine Lust.	I don't want to.
Ich würde gern, aber ich kann nicht.	I'd love to, but I'm afraid I can't.
Das ist toll/okay/langweilig.	That's great/OK/boring.
Was meinst du?	What do you think?
Das finde ich auch.	I agree with you.
Das finde ich nicht.	I don't agree with you.

Sich kennenlernen

Sich und andere vorstellen

Darf ich mich vorstellen?	May I introduce myself?
Ich heiße …	My name is …
Ich bin …	I am …
Wie heißt du?	What's your name?
Das ist …	This is …
Hallo, … *(Name)*	Hello, … *(name)*
Lisa, das ist Tom.	Lisa, this is Tom.
Kennst du … schon?	Do you know …
Lass mich dir … vorstellen.	Let me introduce you to …
Ich möchte dich jemandem vorstellen.	I'd like to introduce you to someone.
Ich möchte dir jemanden vorstellen.	I'd like to introduce someone to you.
Schön, dich/Sie kennenzulernen.	Nice to meet you.

Andere befragen

Wie heißen Sie?/Wie heißt du?	What's your name?
Wie alt sind Sie/bist du?	How old are you?
Wo wohnen Sie?/ Wo wohnst du?	Where do you live?
Woher kommen Sie?/ Woher kommst du?	Where are you from?
Haben Sie/Hast du …? Geschwister Kinder Enkel Haustiere	Have you got any …? brothers or sisters children grandchildren pets
Bist du verheiratet?/ Sind Sie verheiratet?	Are you married?

Familie

Ich bin ... Jahre alt.	I am ... years old.

Ich wohne ...
   in ...
   in der Nähe von ...
   in einem Vorort von ...
   auf dem Land.
	I live ...
	   in ...
	   near ...
	   in the suburbs of ...
	   in the country.

Ich habe ...
   einen Bruder
   eine Schwester
   keine Geschwister
   einen Sohn
   eine Tochter
   einen Enkel(sohn)
   eine Enkelin
   eine Katze
   einen Hund
	I have ...
	   one brother.
	   one sister
	   no brothers and sisters
	   one son.
	   one daughter
	   one grandson
	   one granddaughter
	   a cat
	   a dog

Ich habe zwei/keine ...
   Brüder
   Schwestern
   Söhne
   Töchter
   Kinder
   Enkelkinder
   Haustiere
   Katzen
   Hunde
	I have two/no ...
	   brothers
	   sisters
	   sons
	   daughters
	   children
	   grandchildren
	   pets
	   cats
	   dogs

Er/Sie ist ... Jahre alt.	He/She is ... years old.
Sie sind ... Jahre alt.	They are ... years old.
Ich bin Einzelkind.	I am an only child.

Ich bin ...
   ledig
   verliebt (in ...)
   verlobt
   verheiratet (mit ...)
   geschieden
   verwitwet
	I am ...
	   single
	   in love (with ...)
	   engaged
	   married (to ...)
	   divorced
	   widowed

Ich bin verheiratet und habe zwei Kinder.	I am married with two children.

Staatsangehörigkeit

Ich bin ...	I am ...
Du bist ...	You are ...
Er ist ...	He is ...
Sie ist ...	She is ...
Deutscher/Deutsche	German
Österreicher(in)	Austrian
Schweizer(in)	Swiss
Brite/Britin	British/a Briton
Engländer(in)	English
Schotte/Schottin	Scottish
Waliser(in)	Welsh
Ire/Irin	Irish
Amerikaner(in)	American
Kanadier(in)	Canadian
Australier(in)	Australian
Neuseeländer(in)	a New Zealander
Ich komme aus ...	I am from ...
Du kommst aus ...	You are from ...
Er/Sie kommt aus ...	He/She is from ...
Wir/Sie kommen aus ...	We/They are from ...
Ich wohne in ...	I live in ...
Du wohnst in ...	You live in ...
Er/Sie wohnt in ...	He/She lives in ...
Wir/Sie wohnen in ...	We/They live in ...
Deutschland	Germany
Österreich	Austria
der Schweiz	Switzerland
Großbritannien	Great Britain
England	England
Schottland	Scotland
Wales	Wales
Irland	Ireland
den USA	the USA
Kanada	Canada
Australien	Australia
Neuseeland	New Zealand
... (Ortsname)	... (place name)

Über Personen sprechen

Charakter

Wie bist du vom Charakter?	What are you like?
Wie ist er/sie so?	What's he/she like?
Ich bin .../Du bist .../Er/Sie ist ...	I am .../You are .../He/She is ...
schüchtern, zurückhaltend	shy
ruhig	quiet
lebhaft	lively
aktiv	active
locker, zugänglich	easygoing
unkompliziert	straightforward
offen, kontaktfreudig	outgoing
nett	nice
freundlich	friendly
lustig	funny
fröhlich	happy
selbstbewusst	self-confident
eingebildet	self-conceited
arrogant	arrogant
unhöflich	impolite
nervig	annoying
zickig	uptight, bitchy
launisch	moody
stur	stubborn
mürrisch	grumpy
traurig	sad
aggressiv	aggressive
eine Nervensäge	a pain in the neck
eine kleine Quasselstrippe	a little chatter box

Aussehen

Wie siehst du aus? Wie sehen Sie aus?	What do you look like?
Wie sieht er aus? Wie sieht sie aus?	What does he look like? What does she look like?
Ich bin ... Du bist ... Er/Sie ist ... groß klein dick dünn, schlank jung alt hübsch (*Mädchen/Frau*) hübsch (*Junge/Mann*)	I am ... You are ... He/She is ... tall small fat slim young old beautiful/pretty handsome
Ich trage ... Er/Sie trägt ... eine Brille Kontaktlinsen	I wear ... He/She wears ... glasses contact lenses
Ich trage ... Er/Sie trägt ... (*in diesem Moment*) Ohrringe eine Kette eine Mütze/Kappe einen Hut einen Schlips eine Fliege ein Tuch einen Anzug ein Kleid	I am wearing ... He/She is wearing ... earrings a necklace a cap a hat a tie a bow tie a scarf a suit a dress
Ich habe ... Du hast ... Er/Sie hat ... ein eckiges Gesicht ein rundes Gesicht ein dreieckiges Gesicht ein ovales Gesicht	I have ... You have ... He/She has ... a square face a round face a triangular face an oval face

Aussehen

einen Bart	a beard
einen Schnauzbart	a moustache
blonde Haare	blond hair
rote Haare	red hair
braune Haare	brown hair
schwarze Haare	black hair
kurze Haare	short hair
lange Haare	long hair
Locken	curly hair/curls
eine Glatze	a bald head
blaue/grüne Augen	blue/green eyes
graue/braune Augen	grey/brown eyes
eine große Nase	a big nose
eine kleine Nase	a small nose
eine lange Nase	a long nose
eine Stupsnase	a snub nose
große Ohren	big ears
kleine Ohren	small ears
Segelohren	mug ears

Gemütslage

Ich bin (heute) …	I'm … (today)
(nicht) gut drauf	(not) in great form
total glücklich	very happy
traurig	sad
müde	tired
Ich fühle mich unbehaglich (in der Gegenwart von …)	I'm ill at ease (with …).
Ich habe heute zu nichts Lust.	I don't want to do anything today.
Ich habe Heimweh.	I feel homesick.
Bist du einsam?	Are you lonely?
Hast du Heimweh?	Are you homesick?

Freizeit und Beruf

Hobbys

Was machst du in der Freizeit?	What do you do in your free time?
Mein Hobby ist ...	My hobby is ...
Meine Hobbys sind ...	My hobbies are ...
interessant	interesting
entspannend	relaxing
aufregend	exciting
abenteuerlich	adventurous
nichts besonderes	nothing special
Magst du ...?	Do you like ...?
Interessierst du dich für ...?	Are you interested in ...?
Ich mag ...	I like ...
Ich interessiere mich für ...	I am interested in ...
Sport	sports
Computer	computers
Tiere	animals
Musik	music
Kunst	arts
Kampfsport	martial arts
Liest du gern?	Do you enjoy reading?
Ich ... gern.	I like ...
fotografiere	taking photos/pictures
klettere	climbing
tanze	dancing
jogge	jogging
Meine Hobbys sind ...	My hobbies are ...
Ich verbringe meine Freizeit mit ...	I spend my free time ...
Ich verbringe die meiste Zeit mit ...	I spend most of my time ...
Ich vertreibe mir die Zeit mit ...	I pass my time ...
Lesen	reading
Malen	painting
Zeichnen	drawing
Schwimmen	swimming
Radfahren	cycling
Reiten	horseriding
Fußballspielen	playing football
Musikhören	listening to music
Fernsehen	watching TV
Ich spiele ...	I play ...
Fußball	football
Gitarre	the guitar

Beruf

Was machst du beruflich?	What do you do
Was machen Sie beruflich?	(for a living)?
Was macht er/sie beruflich?	What does he/she do (for a living)?
Ich bin ...	I am ...
Du bist ...	You are ...
Er/Sie ist ...	He/She is ...
Schüler/in (*Grundschule*)	a pupil
Schüler/in	a student
Student/in	a student
Azubi	a trainee, an apprentice
Angestellte(r)	an employee
Handwerker	a tradesman
Hausfrau	a housewife
Unternehmer	an employer
arbeitslos	unemployed
selbständig	self-employed
Ich arbeite bei ... (*Firma*)	I work for ... (*company*)
Ich arbeite in ...	I work in ...
Er/Sie arbeitet in ...	He/She works in ...
Ich habe einen Job in ...	I have a job in ...
einer Fabrik	a factory
einem Geschäft	a shop
einem Supermarkt	a supermarket
einem Kaufhaus	a department store
einem Büro	an office
einer Bank	a bank
einer Autowerkstatt	a car repair shop

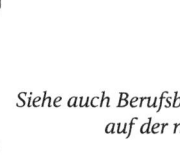

*I'm a mechanic.
I work in a car
repair shop.*

*Siehe auch Berufsbezeichnungen
auf der nächsten Seite.*

Berufsbezeichnungen

Bauarbeiter	construction worker
Bäcker	baker
Bauer	farmer
Beamter	civil servant
Büroangestellter	office worker
Dachdecker	roofer/tiler
Elektriker	electrician
Fleischer	butcher
Fliesenleger	tiler
Friseur	hair dresser
Ingenieur	engineer
Kellner/Kellnerin	waiter/waitress
Kindergärtnerin	kindergarden teacher
Klempner	plumber
Koch	cook
Kraftfahrer	driver
Krankenschwester	nurse
Lkw-Fahrer	lorry driver/truck driver
Maurer	bricklayer
Mechaniker	mechanic
Musiker	musician
Pädagoge/Lehrer	teacher
Polizist	police officer
Programmierer	programmer
Schneider	tailor
Sekretärin	secretary
Steuerberater	tax consultant
Tischler	carpenter
Verkäufer	shop assistant

Über den Ort sprechen

Fragen

Wo wohnst du?	Where do you live?
Wie ist es in ... (Ort)?	What's it like in ... (place)?
Ist der Ort interessant?	Is the place interesting?
Was kann man in ... (Ort) unternehmen?	What can you do in ... (place)?

Wo der Ort liegt

Ich wohne in ... (Ort)	I live in ... (place)
... (Ort) liegt ...	... (place) is ...
	... (place) lies ...
in den Bergen	in the mountains
in einem Tal	in a valley
am Meer	by the sea
in einem Nationalpark	in a national park
an einem Fluss	on a river
am Fluss ...	on the river ...
auf einer Insel	on an island
in einem Industriegebiet	in an industrial area

... (Ort) ist ...	... (place) is ...
eine schöne Stadt	a beautiful town
eine hässliche Stadt	an ugly town
eine Großstadt	a big city
eine Industriestadt	an industrial town/city
in der Nähe von ...	near ...
ein kleines Dorf (in ...)	a little village (in ...)
sehr alt	very old
weltberühmt	world-famous
sehr sehenswert	well worth seeing
sehr interessant	very interesting
ziemlich langweilig	rather boring

Was man unternehmen kann

In ... (Ort) kann man ...	In ... (place) you can ...
eine Stadtrundfahrt machen	go on a sight-seeing tour
Museen besichtigen	visit museums
shoppen gehen	go shopping
sich erholen	relax
wandern gehen	go hiking
Rad fahren	go cycling

Was es im Ort gibt

... (Ort) hat ...	... (place) has (got) ...
Es gibt ...	There is/are ...
In der Nähe gibt es ...	There is/are ... nearby.
einen historischen Stadtkern	a historic city centre
interessante Sehenswürdigkeiten	interesting sights
ein Museum	a museum
eine Galerie	a gallery
ein Kino	a cinema/movie theater
einen Zoo	a zoo
ein Schwimmbad	a swimming pool
ein Freibad	an open-air swimming pool
ein Schloss, eine Burg	a castle
eine Burgruine	the ruins of a castle
einen Palast, ein Schloss	a palace
eine schöne Umgebung	nice surroundings
viele schöne Cafés und Restaurants	lots of nice cafés and restaurants
ein Denkmal	a monument
einen Vergnügungspark	an amusement park
viele nette Leute wie mich	lots of nice people like me

Wofür der Ort berühmt ist

... (Ort) ist berühmt für ...	... (place) is famous for ...
seine Sehenswürdigkeiten	its sights
seine Geschichte	its history
seine Festivals	its festivals
seine Musikszene	its music scene
die Schlacht von ...	the battle of ...

... (Ort) ist berühmt als ...	... is famous for being ...
Geburtsort von ...	...'s birthplace
Austragungsort von ...	the venue of ...

... fand dort/hier statt.	... took place there/here.

Berühmte Personen des Ortes

... (Person) wurde hier im Jahre ... geboren.	... (person) was born here in ...

... (Person) lebte hier von ... bis ...	... (person) lived here from ... to ...

... (Person) starb hier.	... (person) died here.

... (Person) ist/war ...	... (person) is/was ...
ein Künstler	an artist
ein Bildhauer	a sculptor
ein berühmter Maler	a famous painter
ein Komponist	a composer
ein(e) Schriftsteller(in)	a novelist, a writer
ein Architekt	an architect
ein König	a king
eine Königin	a queen
ein Krieger	a warrior
ein Entdecker	an explorer
ein Naturwissenschaftler	a natural scientist
ein(e) Politiker(in)	a politician
ein Schauspieler	an actor
eine Schauspielerin	an actress
ein Sportler	a sportsman
eine Sportlerin	a sportswoman
eine berühmte Persönlichkeit	a famous person

Touristinformation

In der Touristinformation

Ich möchte gern … einen Stadtplan eine Stadtrundfahrt buchen	I'd like …, please. a map of the town to book a sight-seeing tour
Können Sie ein Zimmer für mich buchen?*	Could you book a room for me, please?
Ich brauche ein Zimmer für zwei Personen.*	I need a room for two.
Können Sie mir … empfehlen? ein gutes Restaurant ein preiswertes Hotel einige Sehenswürdigkeiten	Can you recommend …? a good restaurant a cheap hotel some sights
Bekomme ich hier Karten für … ? das Theater den Bus die Straßenbahn die U-Bahn die Fähre die Stadtrundfahrt die Tour nach …	Can I get tickets for … here? the theatre the bus the tram the tube the ferry the sight-seeing tour the tour to …
Wie viel kostet ein Ticket?	How much is a ticket?
Gibt es eine Ermäßigung für …? Kinder Schüler Studenten Rentner	Is there a reduction for … ? children pupils students old age pensioners
Wo geht die Tour los?	Where does the tour start?
Wann geht die Tour los?	When does the tour start?
Wie lange dauert die Tour?	How long does the tour last?

* siehe Rubrik *Hotel*

Stadtbesichtigung

Sehenswürdigkeiten

Dieses Haus/Gebäude …	This building …
Die Kirche/Kathedrale …	The church/cathedral …
Das Schloss …	The castle …
ist sehr alt/modern	is very old/modern
wurde … (*Jahr*) gebaut	was built in … (*year*)
wurde von … gebaut	was built by …
ist ein Museum	is a museum
Im Museum kann man … sehen.	In the museum you can see …
Gemälde	paintings
Waffen und Rüstungen	weapons and armour
Möbel des … Jahrhunderts	…th century furniture
Im Museum kann man sehen, wie …	In the museum you can see how …
arme Leute lebten	poor people lived
man im Mittelalter lebte	medieval people lived
Reiche im 17. Jahrhundert lebten	the rich lived in the 17th century
In der Kirche gibt es …	In the church there is …
Im Schloss gibt es …	In the castle there is …
ein Gemälde von …	a painting by …
einen sehr alten Altar	a very old altar
ein berühmtes Altarbild	a famous altar piece

Im Museum

Wie viel kostet der Eintritt?	How much is the entrance fee?
Zwei Erwachsene und ein Kind.	Two adults and a child, please.
Gibt es Ermäßigung für Studenten?	Is there a student reduction?
Darf man fotografieren?	Is it allowed to take pictures?
Das Museum ist montags zu.	The museum is closed on Mondays.
Das Museum ist von 10 bis 18 Uhr geöffnet.	The museum is open from ten to six.

nützliche Vokabeln

offen	open
geschlossen	closed
Eintrittspreis	entrance fee/ admission charge
ermäßigter Eintritt	reduced-price ticket
Kind/Kinder	child/children
Erwachsener	adult
Rentner, Pensionär	OAP (old-age pensioner) senior citizen

Wegbeschreibung

Nach dem Weg fragen

Entschuldigung. Entschuldigen Sie bitte.	Excuse me.
Ich habe mich verlaufen.	I am lost.
Wie kommt man am besten zu ...?	What's the best way to the ... please?
Wissen Sie, wie man zu ... kommt?	Do you know where the ... is, please?
Können Sie mir sagen, wo ... ist?	Could you tell me where the ... is, please?
Bahnhof	station
Busbahnhof	bus station
Kino	cinema
Post	post office
Bank	bank
Touristinformation	tourist information
Hafen	harbour
Museum	museum
Opernhaus	opera house
Wo ist die (nächste) ...?	Where is the (nearest) ...?
Bushaltestelle	bus stop
Straßenbahnhaltestelle	tram stop
Telefonzelle	phone box/telephone booth

Siehe auch Rubrik Unterwegs.

Den Weg beschreiben

Das weiß ich leider nicht.	I'm afraid I don't know.
Ich kenne mich hier nicht aus.	I'm a stranger here myself.
Gehen Sie geradeaus.	Go straight on.
Gehen Sie geradeaus bis ... zur Ampel zur Kreuzung zum Wegweiser	Go straight on until you come ... to the traffic lights to the crossroads/junction to the signpost
Gehen Sie ... (*Straße*) entlang.	Go along ... (*street*).
Kehren Sie um.	Turn back./Go back.
Überqueren Sie die ... (*Straße*).	Cross ... (*street*).

Den Weg beschreiben

Biegen Sie ...	Turn ...
links ab	left
rechts ab	right
links ab in die ... (*Straße*)	left into ... (*street*)
Biegen Sie die ...	Take the ...
erste Straße links ab	first street on the left
zweite Straße rechts ab	second street on the right
Überqueren Sie ...	Cross the ...
die Straße	street
die Brücke	bridge
den Fluss	river

Wie man dorthin kommt

Nehmen Sie am besten ...	It's best to take the ...
den Bus	bus
die Straßenbahn	tram
die U-Bahn	underground
die S-Bahn	suburban train
Es sind nur 10 Min. mit ...	It's only 10 minutes by ...
dem Bus	bus
dem Auto	car
Es ist nur ein kurzer Fußmarsch.	It's only a short walk.

Wo sich etwas befindet

Das Kino ist ...	The cinema is ...
auf der linken Seite	on the left.
auf der rechten Seite	on the right.
am Ende der Straße	at the end of the street.
an der Ecke	on/at the corner.
(gleich) um die Ecke	(just) around the corner
Das Museum ist ...	The museum is ...
gegenüber von ...	opposite
in der Nähe von ...	near
neben ...	next to
hinter ...	behind
vor ...	in front of
... der Post	... the post office
... dem Restaurant	... the restaurant
Das Geschäft ist zwischen der Bank und dem Museum.	The shop is between the bank an the museum.

Bank und Geldautomat

Bank

Gibt es hier in der Nähe ...?
  eine Bank
  eine Wechselstube
	Is there ... nearby?
	  a bank
	  a bureau de change/
	  an exchange booth

Wo ist der (nächste) Geldautomat?	Where is the (nearest) cash dispenser?

Ich möchte ... wechseln.
  100 Euro
  200 Schweizer Franken
	I'd like to change ...
	  100 euro/euros
	  200 Swiss francs

Ich möchte ... einlösen.
  einen Scheck
  diese Traveller-Schecks
	I'd like to honour ...
	I'd like to cash ... (AE)
	  a cheque
	  these traveller cheques

Ich habe meine Geheimzahl ver- gessen.	I have forgotten my secret number.

Ich habe meine ... verloren.
  EC-Karte
  Kreditkarte
	I have lost my ....
	  cheque card
	  credit card

Der Geldautomat gibt meine Scheckkarte nicht mehr heraus.	The cash dispenser does not return my cheque card.

Darf ich bitte ... sehen?
  Ihren Ausweis
  Ihren Pass
  Ihre EC-Karte
	May I see your ..., please?
	  your ID
	  your passport
	  your cheque card

Unterschreiben Sie hier.	Please sign here.

Post und Internetcafé

Post

Eine Briefmarke für ..., bitte.	A stamp for ..., please.
... Briefmarken für ..., bitte.	... stamps for ..., please.

Wie viel kostet eine Briefmarke für ...?
  einen Brief
  eine Postkarte
  ... nach Deutschland
  ... nach Österreich
  ... in die Schweiz
  ... nach Europa
  ... innerhalb von Europa
	How much is a stamp for ..., please?
	  a letter
	  a postcard
	  ... to Germany
	  ... to Austria
	  ... to Switzerland
	  ... to Europe
	  ... within Europe

Eine Telefonkarte im Wert von ..., bitte.	A phone card for ..., please.

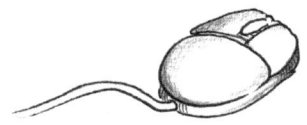

Internetcafé

Ich brauche einen Computer mit/ ohne Internetzugang.	I need a computer with/ without internet access.

Kann ich an diesem Computer Dateien ... kopieren?
  auf meinen USB-Stick
  von meiner Speicherkarte
	Can I copy files ... on this computer?
	
	  to my memory stick
	  from my memory card

Darf ich Dateien von meinem USB-Stick auf den Rechner kopieren?	May I copy files from my memory stick to this computer?
Der Computer funktioniert nicht richtig.	This computer does not work properly.
Er stürzt ständig ab.	It keeps crashing.
Könnten Sie mir bitte zeigen, wie es funktioniert?	Could you please show me how it works?

Fundbüro

Im Fundbüro

Wo ist das Fundbüro?	Where is the lost property office? Where is the lost-and-found office? (AE)

Ich habe ... verloren.	I have lost ...
mein Portemonnaie	my purse
meine Brieftasche	my wallet
meine Kamera	my camera
mein Handy	my mobile phone

Ich habe meine Kamera versehentlich ... liegen lassen.	I accidentally left my camera ...
im Bus/Zug	on the bus/train
auf dem Bahnhof/im Park	at the station/in the park

Er/Sie/Es ist ...	It is ...
groß/klein	big/small
rund/eckig	round/square
etwa so groß	about that big
weiß/schwarz	white/black
blau/rot	blue/red
grün/gelb	green/yellow
lila/grau	purple/grey
orange/braun	orange/brown
rosa, pink	pink

Wenn er/sie/es gefunden wird, könnten Sie ...?	In case it is found, could you please ...?
mich informieren	inform me
diese Nummer anrufen	call this number
mich unter dieser Adresse kontaktieren	contact me at this address

Unterwegs mit Flugzeug/Zug/Bus/Fähre

Flughafen

Wo muss ich einchecken für ...?
   Flug Nummer ...
   den Flug nach ...
	Where do I check in for ...?
	   flight number ...
	   the flight to ...

Wie viele Gepäckstücke geben Sie auf?	How many bags are you checking in?
Muss ich dieses Gepäckstück aufgeben?	Do I have to check this bag in?
Das müssen Sie aufgeben.	You'll need to check that in.
Möchten Sie am Fenster oder Gang sitzen?	Would you like a window or an aisle seat?
Am Fenster. Am Gang.	A window seat, please. An aisle seat, please.
Pro Kilo Übergepäck wird eine Gebühr von ... erhoben.	There is an excess baggage charge of ... per kilo.
Steigen Sie am Flugsteig ... ein.	Boarding will take place at gate ...
Seien Sie bitte 30 Minuten vor Abflug am Flugsteig.	Please be at the gate 30 minutes prior to departure.
Gehen Sie sofort zum Flugsteig Nummer ...	Please proceed immediately to gate number ...

Der Flug ...
   hat Verspätung
   wurde annulliert
	The flight ...
	   has been delayed
	   has been cancelled

Wo ist Flugsteig Nummer ...?	Where is gate number ...?
Halten Sie Ihre Bordkarte bereit.	Please have your boarding cards ready.
Ich habe meinen Flug verpasst.	I've missed my flight.
Wo ist das Gepäck für den Flug aus ...?	Where is the luggage for the flight from ...?

Bahnhof

Wie viel kostet ...?	How much is ...?

Eine ..., bitte.
  einfache Fahrt nach ...
  Hin- und Rückfahrt nach ...
	A ..., please.
	  single ticket to ...
	  return ticket to ...

Vier Fahrkarten nach ... mit Rückfahrt, bitte.	Four return tickets to ..., please.

Wann fährt der nächste ...?
  Zug/Bus nach ...
	What time is the next ...?
	  train/bus to ...

Muss ich umsteigen?	Do I have to change?
Wo muss ich umsteigen?	Where do I have to change?
Ist das der Zug/Bus nach ...?	Is this the train/bus to ...?
Der Zug hat Verspätung.	The train is late.
Ich möchte eine Platzkarte für diesen Zug.	I want to book a seat on this train.

Fähre

Wann geht die nächste Fähre nach ...?	When is the next ferry to ...?

Ein Fährticket für zwei Personen und ...
  ein Auto
  ein Wohnmobil
  ein Auto mit Anhänger
  ein Motorrad
  zwei Fahrräder
	A ticket for two passengers and ..., please.
	  a car
	  a camper
	  a car with trailer
	  a motorcycle
	  two bicycles

Ein Fußgängerticket, bitte.	One ticket for a foot passenger, please
Ich brauche keine Kabine.	I don't need a cabin.
Ich möchte eine Kabine für 4 Personen buchen.	I'd like to book a four-berth cabin, please.
Wie lange dauert die Überfahrt?	How long does the crossing take?
Dürfen wir im Auto bleiben?	May we stay in the car?
Wo ist die Kabine Nr. ...?	Where is cabin number ...?

Passkontrolle und Zoll

Halten Sie bitte Ihre Ausweispapiere bereit.	Please have your passport ready for inspection.
Füllen Sie bitte ... aus.	Please fill in the ...
das Einreiseformular	immigration form
die Zollerklärung	customs declaration form
Von wo reisen Sie ein?	Where have you travelled from?
Was ist der Grund Ihrer Einreise?	What's the purpose of your visit?
Haben Sie etwas zu verzollen?	Do you have anything to declare?
Das ist zollpflichtig.	You have to pay duty on this.

nützliche Vokabeln

Abfahrt/Abflug	departure/departures
Ankunft	arrival/arrivals
Anzeigetafel	departure and arrivals board
Ausgang	exit
Ausweis	ID
Bahnsteig	platform
Bordkarte	boarding card
Fahrkarte	ticket
Fahrkartenschalter	ticket office
Fahrkartenautomat	ticket machine
Flughafenbus	shuttle bus/airport bus
Flugsteig/ Gate	gate
Gepäckaufbewahrung	left-luggage office/baggage room
Gepäckausgabe	baggage reclaim
Pass, Reisepass	passport
Passkontrolle	passport control
Platzkarte	seat reservation
Zoll	customs control

Unterwegs mit Taxi und Auto

Auto

Ihren Führerschein, bitte.	Your driving licence, please.
Wo ist die/der nächste ...?	Where is the nearest ...?
Werkstatt	garage
Tankstelle	petrol station, gas station
Parkplatz	car park, parking lot
Bitte volltanken.	Full, please.
... Liter ..., bitte.	... litres of ..., please.
Benzin	petrol, gas (AE)
bleifrei	unleaded
Diesel	diesel
Ich habe eine Panne.	My car has broken down.
Ich habe einen Platten.	I have a flat tyre.
... funktioniert nicht (mehr).	... doesn't work (anymore).
... funktionieren nicht.	... don't work.
... ist/sind kaputt.	... is/are broken.
Ich verliere ...	I am losing ...
Öl	oil
Wasser	water
Treibstoff	fuel
Ich hatte einen Unfall.	I've had an accident.
Könnten Sie bitte ... rufen?	Could you please call ...?
einen Abschleppwagen	a breakdown truck
die Polizei	the police

Autoteile und Zubehör

Auto	car
Dach	roof
Kofferraum	boot, trunk (AE)
Tank	tank
Licht	light
Blinklicht	flashing light/ indicator light
Rad	wheel
Ersatzrad	spare wheel
Reifen	tyre
Rückspiegel	rearview mirror
Tür	door
Türgriff	doorhandle
Fensterheber	window lift
Scheibenwischer	windscreen wiper
Kupplung	clutch
Bremse	brake
Handbremse	handbrake
Gaspedal	accelerator
Schaltknüppel	gear-lever
Gang	gear
Handschuhfach	glove compartment
Starterkabel	jump leads
Wagenheber	jack
Warndreieck	hazard warning triangle

Taxi

Ich brauche ein Taxi …	I need a taxi …
für sechs Personen	for six people
für um sieben	for seven o'clock
zum Flughafen	for the airport
Zu welcher Adresse?	What's the address?
Das Taxi ist auf dem Weg.	The taxi's on its way.
Das Taxi ist gleich da.	It'll only take a few minutes.
Es könnte 20 Minuten dauern.	It might take 20 minutes.
Es sind momentan leider keine Taxis verfügbar.	I'm afraid there are no taxis available at the moment.
Auf welchen Namen?	Could I take your name?
Wohin möchten Sie?	Where would you like to go?
Ich möchte gern …	I'd like to go …
in die …-Straße	to … street
zum Bahnhof	to the station
zu dieser Adresse	to this address
Bitte anschnallen.	Fasten seatbelt.

nützliche Vokabeln

Straße	street (in Ortschaften) road (außerhalb von Orten)
Autobahn	motorway, highway
Fahrspur	lane
Ampel	traffic lights
Kreisverkehr	roundabout
Vorfahrt beachten	Give way
Keine Einfahrt	No entry
Einbahnstraße	One Way
Parkverbot	no parking
Halteverbot	no stopping
Überholverbot	no overtaking
Umleitung	diversion
Straßenarbeiten	roadworks
Vorsicht, Unfall!	accident ahead
Einfahrt freihalten!	Keep clear!
Parkschein(automat)	car park ticket (machine)/ parking lot ticket (machine)

Auto mieten

Mietauto und Mietdauer

Ich möchte gern ein Auto mieten.	I'd like to rent a car.
Kann ich bei Ihnen ein Auto mieten?	Can I rent a car here?
Haben Sie reserviert?	Did you make a reservation?
Welche Klasse wünschen Sie?	What size are you looking for?
Möchten Sie einen/ein ...?	Would you like ...?
Ich hätte gern einen/ein ...	I'd like ..., please.
Ich möchte einen/ein ...	I want ...
Wie viele passen in einen/ein ...?	How many can fit in ...?
Wie viel kostet ein ...?	How much is ...?
Ich nehme einen/ein ...	I'll take ...
Kleinwagen	a small car
Mittelklassewagen	a mid-range car
Luxuswagen	a luxury car
Geländewagen	an off-road vehicle
Lieferwagen	a van
Cabrio	a convertible
Wohnmobil	a camper
Ich nehme den/das ...	I'll take the ...
Zurzeit ist kein Auto dieser Klasse verfügbar.	We don't have any cars of this type available now.
Wann brauchen Sie das Auto?	When do you need the car?
Für wie lange wollen Sie das Auto mieten?	How long will you be renting the car?
Wie lange brauchen Sie das Auto?	How long will you be needing the car?
Wann bringen Sie das Auto zurück?	When will you return the car?
Kann ich das Auto an einem anderen Ort zurückgeben?	Can I return the car at a different location?
Ich möchte ein Auto für ... mieten.	I'd like to rent a car for ...
einen halben Tag	half a day
einen Tag	a day
drei Tage	three days
eine Woche	one week
zwei Wochen	two weeks

Mietauto und Mietdauer

Ich brauche ein/das Auto ...
  jetzt gleich
  für morgen
  für den ... (10. August)
  bis zum ... (3. Juli)
  von ... bis ...
	I need a/the car ...
	  now
	  for tomorrow
	  for ... (the tenth of August)
	  until ... (July the third)
	  from ... to ...

Möchten Sie eine Versicherung abschließen?	Would you like insurance on the car?
Wie viel kostet eine Versicherung?	How much is insurance?
Was für eine Versicherung brauche ich?	What insurance will I need?

Mietbedingungen

Füllen Sie bitte das Formular aus.	Please fill in the form.
Aus welchem Land kommen Sie?	What country are you from?
Wer wird das Auto fahren?	Who is going to be the driver?
Wie viele Fahrer?/ Wie viele Leute fahren?	How many people are going to drive?
Der Fahrer muss mindestens ... Jahre alt sein.	The driver must be at least ... years old.
Darf ich ... sehen?	May I see your ..., please?

Ich brauche bitte ...
  Ihren Führerschein
  Ihren Pass
  Ihre Kreditkarte
	I'll need to see your ...
	  driving licence
	  passport
	  credit card

Sie können das Auto ... abholen.
  draußen/unten
	You can pick up your car ...
	  outside/downstairs

Der Tank ist voll.	The tank is full.
Geben Sie das Auto bitte mit vollem Tank wieder ab.	Please fill the tank up before you return the car.
Bringen Sie das Auto bitte bis ... zurück.	Please return the car by ...
Sie müssen das Auto bis ... abgegeben haben.	You will need to return the car by ...

nützliche Vokabeln

Formular	form
Vorname	first name
Nachname	last name
Unterschrift	signature
Adresse	address
Wohnort	place of residence
Staatsangehörigkeit	nationality
Datum	date
Uhrzeit	time
Ort	location
Abholung	pick-up
Rückgabe	return
Autovermietung	car rental
Stellplatz	parking space
Allradantrieb	four-wheel drive/all-wheel drive
Frontantrieb	front-wheel drive
Heckantrieb	rear-wheel drive
Automatikgetriebe	automatic gear/transmission
Knüppelschaltung	floor gear change/shift
Lenkradschaltung	steering column change/gearshift
Benzinmotor	petrol engine/gas engine
Dieselmotor	diesel engine
Insassenversicherung	passenger insurance
Kaskoversicherung	fully comprehensive insurance
Selbstbeteiligung	percentage excess
Haftpflichtversicherung	third-party insurance
Unfallversicherung	accident insurance

Notfälle

Allgemeine Wendungen

Vorsicht!/Pass auf!	Look out!
Hilfe!	Help!
Feuer!	Fire!
Halt!	Stop!
Dieb!	Thief!/Stop thief!
Rette sich, wer kann!	Run for your lives!

Rufen Sie ...!
  die Polizei
  einen Krankenwagen
  die Feuerwehr
	Call ...!
	  the police
	  an ambulance
	  the fire brigade

Wählen Sie die Notrufnummer!	Call the emergency number.
Ich möchte die (deutsche) Botschaft anrufen.	I would like to call the (German) embassy.
Holen Sie Hilfe!	Go and get help!

Unfall

Es ist ein Unfall passiert.	There has been an accident.
Ich hatte Vorfahrt.	I had right of way.
Sie haben die Vorfahrt nicht beachtet!	You have failed to give way!

Ich habe ... nicht gesehen.
  das Stop-Schild
  den Fußgänger
  den Radfahrer
  das andere Auto
	I didn't see the ...
	  stop sign
	  pedestrian
	  cyclist
	  other car

Das Auto ...
  ist viel zu schnell gefahren
  schleuderte in mein Auto
  liegt auf dem Dach
  brennt
	The car ...
	  was speeding
	  skidded into my car
	  is turned upside down
	  is burning

Der Fahrer hat Fahrerflucht begangen.	The driver didn't stop after the accident.
Das Kennzeichen des Autos ist/war ...	The car's registration number was ...
Das ist ein Mietwagen.	It's a rented car.
Stellen Sie bitte das Warndreieck auf.	Please put up the warning triangle.

Erste Hilfe leisten

Sind Sie verletzt?	Are you injured?
Mir geht es gut.	I'm fine.
Ich bin verletzt.	I'm injured.
Ich glaube, mein Arm/Bein ist gebrochen.	I think my arm/leg is broken.
Ich kann mich nicht bewegen.	I cannot move.
Ich brauche Hilfe.	I need help.
Jemand ist (schwer) verletzt.	Somebody is (badly) injured.
Können Sie erste Hilfe leisten?	Can you do first aid?
Wir müssen ihn/sie wiederbeleben.	We must revive him/her!
Er/Sie ist ohnmächtig.	He/She is unconcious.
Er/Sie ist ohnmächtig geworden.	He/She has fainted.
Er/Sie blutet stark.	He/She is bleeding heavily.
Er/Sie steht unter Schock.	He/She is in shock.
Ich glaube, er/sie hat innere Verletzungen.	I think he/she has internal injuries.
Der Verletzte hat einen hysterischen Anfall.	The injured has hysterics.
Bleiben Sie ruhig!	Stay calm!
Reden Sie mit mir!	Talk to me!
Hilfe ist unterwegs.	Help is coming.
Der Krankenwagen kommt.	The ambulance is coming.

Kriminaldelikte

Ich bin ... worden.	I have been ...
beraubt	robbed
überfallen	attacked

Jemand wurde ...	Somebody was ...
zusammengeschlagen	beaten up
ausgeraubt	robbed
ermordet	murdered

Ich möchte eine(n) ... melden.	I am calling to report a ...
Schlägerei	fight, brawl
Messerstecherei	stabbing
Überfall	robbery

Kommen Sie bitte sofort!	Please come immediately!

Das Opfer erlitt (tödliche) Stichverletzungen.	The victim was stabbed (to death).

Jemand hat in ... eingebrochen.	Someone has broken into ...
mein Auto	my car
meine Ferienwohnung	holiday flat/ vacation apartment (*AE*)
mein Zimmer	my room

Man hat ... gestohlen.	Someone has stolen ...
mein Geld	my money
meine Brieftasche	my wallet, purse
meine Handtasche	my handbag
	my purse (*AE*)
meinen Reisepass	my passport
meine Wertsachen	my valuables
mein Auto	my car

(Mein/e) ... ist gestohlen worden.	(My) ... has been stolen.

(Meine) ... sind gestohlen worden.	(My) ... have been stolen.

Dinge ausleihen

Fortbewegungsmittel*

Ich möchte ... ausleihen.	I'd like to rent a ..., please.
Kann ich hier ... ausleihen?	Can I rent a ... here?
Wo kann ich ... ausleihen?	Where can I rent a ...?
ein Fahrrad	a bicycle/ a bike
einen Motorroller	a scooter
ein Jet-Ski	a jet ski
ein Motorboot	a motor boat
ein Segelboot	a sailing boat
ein Ruderboot	a rowing boat
ein Tretboot	a pedal boat/a pedalo
ein Kanu	a canoo

Ich brauche es/ihn/sie für ...	I need it for ...
Ich möchte es/ihn/sie für ...	I want it for ...
Kann ich es/ihn/sie für ... haben	Can I have it for ...
Wie ist die Leihgebühr für ...?	How much do you charge for ...?
Wie viel kostet es für ...?	How much is it for ...?
eine Stunde	an hour
zwei Stunden	two hours
einen halben Tag	half a day
den ganzen Tag	the whole day
zwei Tage	two days
eine Woche	a week

Ich möchte es/ihn/sie bis Freitag ausleihen.	I'd like to rent it until Friday.

Ich werde es/ihn/sie ... zurückbringen.	I will return it ...
am Nachmittag	in the afternoon
am Abend	in the evening
bis 20 Uhr	by eight pm
morgen	tomorrow
am Montag	on Monday

Muss ich eine Kaution zahlen?	Do I have to pay a deposit?

Sie müssen einen Pfand hinterlegen.	You have to leave a deposit.

Fortbewegungsmittel*

Das kostet ...	That's ...
Wir berechnen dafür ...	We charge ... for that.
Zahlen Sie den Rest, wenn Sie zurückkommen.	Pay the rest on your return.
Die Kaution bekommen Sie wieder, wenn Sie zurückkommen.	The deposit will be returned to you when you come back.
Können Sie einige Ausflugsziele empfehlen?	Can you recommend some destinations?
Welche Route/Strecke können Sie empfehlen?	What route can you recommend?
Wie ist die Strecke?	What's the route like?
Wie lang ist diese Strecke?	How long is this route?
Ist es eine leichte Strecke?	Is it an easy route?

*siehe auch Rubrik Auto mieten

Was man sonst noch ausleihen kann

Badelatschen	flip-flops
Bademantel	bath robe
Badehandtuch	bath towel
Bügelbrett	ironing board
Bügeleisen	(flat) iron
Sportgeräte	sports equipment

Ball
  Basketball
  Fußball
  Handball
  Tennisball
  Volleyball
  Wasserball
	ball
	  basketball
	  football
	  handball
	  tennisball
	  volleybal
	  beach ball

Liegestuhl	deckchair
Luftmatratze	airbed
Schwimmreifen	swimming ring
Schwimmflügel	water wings
Schwimmflossen	flippers
Schnorchel	snorkel
Taucherbrille	goggles
Tauchausrüstung	diving equipment
Neoprenanzug	wet suit
Strandkorb	beach chair
Inliner	in-line skates
Skier	skis
Skistiefel	ski boots
Schneeschuhe	snow shoes
Sonnenschirm	sunshade
Schneeanzug	snow suit
Schlitten	toboggan

Sportaktivitäten

Mitspieler

Team, Mannschaft	team
Spieler	player
Torwart	goalkeeper
Libero	sweeper
Stürmer	forward
Verteidiger	back
Mittelfeldspieler	midfielder
Mannschaftskapitän	captain
Auswechselspieler	substitute
Schiedsrichter, Schiri	referee, umpire

Was man zum Spielen braucht

Spielfeld	pitch, field, court
Tor	goal
Netz	net
Korb	basket
Pfeife	whistle
pfeifen	to whistle
Ball	ball
Federball	shuttlecock
Puck	puck
Tennisschläger	racket
Badmintonschläger	(badminton) racket
Tischtennisschläger	table-tennis bat
Tischtennisplatte	table-tennis table
Baseballschläger	baseball bat
Hockeyschläger	hockey stick
Golfschläger	golf club
Queue	cue

Sportarten

Fußball	football
Handball	handball
Volleyball	volleyball
Basketball	basketball
Tennis	tennis
Tischtennis	table tennis
Badminton	badminton
Schwimmen	swimming
Joggen	jogging
Aerobic	aerobics
Kraftsport	athletic sports
Ausdauertraining	endurance training

Beim Spielen

Wir spielen um Aufschlag.	We are playing for service.
Ich habe Aufschlag/Angabe.	It's my service/serve.
Du musst die Angabe von der anderen Seite machen.	Serve from the other side.
Ich habe ein Tor geschossen!	I scored a goal!
Ich habe einen Korb geworfen!	I scored a basket!
Mist! Daneben!	Blast it! I missed!
Hier!, Hierher!	Here!
Deiner!, Du!, Nimm du!	Yours!, It's yours.
Meiner!, Ich!	Mine!, It's mine.
Nicht!, Lass!	Leave it!
Wer liegt vorn?	Who is winning?
Wie steht es?	What's the score?
Wer hat das Tor/den Punkt gemacht?	Who scored?
Es steht zwei zu eins für ...	It's 2:1 for ...
Es ist unentschieden.	It's a draw.
Wir haben gewonnen.	We've won.
Sie gewinnen immer.	They always win.

Seine Mannschaft unterstützen

Mach schon, schieß ein Tor!	Come on, kick a goal!
Tor!	Goal!
Lauf!	Run!
Los, los, los!	Go, go, go!
Schieß!	Shoot!
Spiel den Ball!	Play the ball!
Spiel den Ball ab!	Pass the ball!
Pass auf!	Watch out!
Greif an!, Attacke!	Attack!
Los, du kriegst den Ball!	Go get the ball!
Gut gespielt!	Well played!
Gut gemacht!	Well done!
Hurra!, Juchhu!	Hoorray!
Faul!	Foul!
Abseits!	Offside!
Aus!	Out!/Touch!
Handspiel!/Hand!	Handball!
Oh nein!	Oh no!
Mist!	Blast it!
Anfängerglück!	Beginner's luck!
Pech!, Pech gehabt!	Hard luck!
Schade!	Pity!
Nächstes Mal haben wir mehr Glück.	We will have more luck next time.

Restaurant

Tisch und Speisen wählen

Ein Tisch für 4 Personen, bitte.	A table for four, please.
Raucher	smoker
Nichtraucher	non-smoker
Die Speisekarte, bitte.	The menu, please.
Haben Sie schon gewählt?	Are you ready to order?
Ein Glas Bier.	A glass of beer.
Zwei Gläser Rotwein.	Two glasses of red wine.
Einen Orangensaft.	An orange juice.
Eine Tasse Tee.	A cup of tea.
Ich nehme das Menü Nummer ...	I'll have the set menu number ...

Etwas fehlt

Könnten Sie mir bitte ein(e/en) ... bringen?	Could you bring me a ... please?
Messer	knife
Gabel	fork
Löffel	spoon
Teelöffel	teaspoon
Teller	plate
Schüssel	bowl
Glas	glass
Tasse	cup
Flasche	bottle
Serviette	napkin
Könnten ich bitte etwas ... haben?	Could I have some ... please?
Salz	salt
Pfeffer	pepper
Parmesan	parmesan cheese

Nach dem Essen

Hat es Ihnen geschmeckt?	Was everything okay?
Es war lecker./Es war sehr gut.	It was delicious.
Es war okay.	It was okay.
Möchten Sie ein Dessert?	Would you like a dessert?
Ja, bitte.	Yes, please.
Nein, danke.	No, thank you.
Könnte ich bitte noch ein ... haben?	Could I have another ..., please?
Die Rechnung bitte.	The bill, please.
Behalten Sie den Rest.	Keep the change.
Nehmen Sie Kreditkarten?	Do you accept credit cards?

Service included/Service not included – in Großbritannien steht häufig eins von beiden auf den Speisekarten. Ist der Service nicht im Preis enthalten (*Service not included*), sollte man als Gast ein Trinkgeld (*a tip*) etwa in Höhe von 10 % des Rechnungsbetrages geben.

Speisen

Brot	bread
Brötchen	roll
Käse	cheese
Suppe	soup
Kartoffeln	potatoes
Pommes frites	chips, French fries
Reis	rice
Nudeln	pasta
Karotten	carrots
Erbsen	peas
Blumenkohl	cauliflower
Rosenkohl	sprouts

Speisen

Eier	eggs
Rühreier	scrambled eggs
Spiegeleier	fried eggs
gekochte Eier	boiled eggs
Hähnchen/Hühnchen	chicken
Fisch	fish
Fleisch	meat
Schweinefleisch	pork
Rindfleisch	beef
Hackfleisch	minced meat
Wild (Reh, Hirsch)	vension

Getränke

Mineralwasser	water, mineral water
Wasser mit Kohlensäure	sparkling water
Wasser ohne Kohlensäure	still water
Saft	juice
Orangensaft	orange juice
Apfelsaft	apple juice
Tomatensaft	tomato juice
Limonade	lemonade
Milch	milk
Tee	tea
Kaffee	coffee
heiße Schokolade	hot chocolate
Bier	beer
Wein	wine
Rotwein	red wine
Weißwein	white wine
trocken	dry
halbtrocken	medium dry
lieblich	sweet
Sekt	champagne

Gast

Ich möchte ... buchen.	I want to book a ...
Kann ich für heute Nacht ... haben?	Can I have a ... for tonight?
Ich brauche ... für eine Nacht/Woche.	I need a ... for one night/week.
Ich brauche ... für zwei Nächte/Wochen.	I need a ... for two nights/weeks.
einen Stellplatz für meinen Wohnwagen	pitch/site for my caravan/trailer.
ein Bett in einem Schlafsaal	bed in a dormitory
ein Einzelzimmer	single room
ein Doppelzimmer *(mit Doppelbett)*	double room
ein Zweibettzimmer *(mit getrennten Betten)*	twin room
ein Familienzimmer *(mit Aufbettung)*	family room
... mit Bad	... with a bath
... mit Dusche	... with a shower
... mit Klimaanlage	... with air conditioning
... mit Balkon	... with a balcony
... mit Terrasse	... with a terrace

Wie viel kostet das Zimmer?	How much is the room?

Ist der Preis inklusive ...?	Does the price include ...?
Frühstück	breakfast
Halbpension	half-board
Vollpension	full-board

Kann ich mir das Zimmer ansehen?	May I see the room?

Wo ist der Speisesaal?	Where is the dining room?

Wann gibt es Frühstück?	When is breakfast served?

Rezeptionist

Wann wollen Sie anreisen?	How much is the room?
Wie viele Nächte wollen Sie bleiben?	When are you planning to arrive?
Wie lange wollen Sie bleiben?	How long would you like to stay?
Ihr Zimmer steht ab 14 Uhr zur Verfügung.	Your room will be available from 2 pm.
Ihr Zimmer wird noch gereinigt.	Your room is still being cleaned.
Füllen Sie bitte das Formular aus.	Fill in this form, please.
Sie haben Zimmer ...	Your room is number ...
Hier ist Ihr Zimmerschlüssel.	Here's the key to your room.
Ihr Zimmer ist im ... Stock.	Your room is on the ... floor.
Wir haben keine Zimmer frei.	All rooms are taken./ We are full.
Wir haben noch einige freie Zimmer.	We still have some vacancies.
Ich wünsche Ihnen einen guten Aufenthalt.	I wish you a pleasant stay.
Frühstück gibt es zwischen 8 und 10 Uhr.	Breakfast is served between 8 and 10 am.
Möchten Sie auschecken?	Would you like to check out?
Waren Sie zufrieden?	Was everything to your satisfaction?

Probleme

Könnten Sie mir bitte zeigen, wie ... funktioniert?
   der Fernseher
   die Klimaanlage
	Could you please show me how ... works?
	   the television set
	   the air conditioning

Die Heizung ...
Das Wasser ...
Die Dusche ...
   ... funktioniert nicht.
	The heating ...
	The water ...
	The shower ...
	   ... does not work.

Ich friere nachts.	I'm cold at nights.

Probleme

Ich brauche ...
  noch ein Kissen
  eine dickere Decke
	I need ...
	  another pillow
	  a thicker duvet/cover

Mein Bett ...
  ist kaputt
  ist zu kurz
  quietscht
	My bed ...
	  is broken
	  is too short
	  is squeaky

Meine Matratze ist ...
  zu hart
  zu weich
	My mattress is ...
	  too hard
	  too soft

Die Toilette ist verstopft.	The toilet is clogged.

Wichtige Ausdrücke

Unterkunft	accommodation
Doppelbett	double bed
Doppelstockbett	bunk bed
Jugendherberge	youth hostel
Campingplatz	camp site, camping ground
Pension	B&B (Bed and Breakfast)
Hotel	hotel
Rezeption	reception
Schlüssel	key
alle Zimmer mit Bad	all rooms en-suite
Zimmer frei	vacancies
alle Zimmer belegt	no vacancies
Formular (ein Formular ausfüllen)	form (fill in a form)
Tag der Ankunft	arrival date/ date of arrival
Tag der Abreise	departure date/ date of departure
Zelt	tent
Wohnwagen	caravan

Einkaufen

Verkäufer

Kann ich Ihnen helfen?	Can I help you?
Was kann ich für Sie tun?	What can I do for you?
Werden Sie schon bedient?	Are you being served?
Wer ist der/die Nächste?	Who is next?
Haben Sie noch einen Wunsch?	Anything else?
Ist das alles?	Is that all?
Wie viel/viele möchten Sie?	How much/many would you like?
Welche Größe brauchen Sie?	What size do you take?
Welche Schuhgröße haben Sie?	What shoe size do you take?
Wäre auch eine andere Farbe okay?	Would another colour do?
Möchten Sie das anprobieren?	Would you like to try it on?
Das ist im Angebot.	It's on offer.
Kaufen Sie zwei zum Preis von einem.	Buy two for the price of one.
Die Umkleidekabine ist dort.	The fitting room is over there.
Das Kleid steht Ihnen sehr gut.	The dress suits you very well.
Ich kann das bestellen.	I can order that for you.
Ich schau mal im Lager nach.	I'll check in the stockroom.
Wir haben/verkaufen keine Briefmarken.	Sorry, we don't sell stamps.
Wir haben das zurzeit leider nicht mehr.	Sorry, we've run out of that.
Diesen Artikel führen wir nicht mehr.	We don't sell this article anymore.
Das ist leider ausverkauft.	Sorry, this is sold out.
Bezahlen Sie bitte an der Kasse.	Pay at the cash desk, please.

Kunde

Ich brauche ...	I need ...
Ich hätte gern ...	I'd like ..., please.
Haben Sie ...?	Have you got ...?/Do you have ...?
Verkaufen Sie ...?	Do you sell ...?
Wo kann ich ... kaufen?	Where can I buy ...?
Wo bekomme ich ...?	Where can I get ...?
Wo finde ich ...?	Where can I find ...?
Souvenirs	souvenirs
Briefmarken	stamps
einen Film für die Kamera	a film for this camera
Batterien für die Kamera	batteries for this camera
Das passt mir nicht.(*Größe*)	It doesn't fit me.
Das steht mir nicht.	It doesn't suit me.
Das gefällt mir nicht.	I don't like it.
Das ist zu ...	It's too ...
klein/groß	small/big
lang/kurz	long/short
weit/eng	wide/tight
teuer	expensive
Haben Sie das in einer anderen Größe/Farbe?	Have you got this in another size/colour?
Ich trage Größe ...	I'm size ...
Kann ich das anprobieren?	May I try this on, please?
Wo kann ich das anprobieren?	Where can I try this on, please?
Wie teuer ist das?/Was kostet es?	How much is it?
Das ist alles.	That's all.
Wo ist die Kasse?	Where is the cash desk/till?
Ich brauche eine Quittung.	Could I have a receipt, please?
Kann ich bitte eine Tüte haben?	Could I get a bag, please?
Ich habe (leider) kein Kleingeld.	Sorry, I don't have any change.
Kann ich mit Kreditkarte zahlen?	Do you accept credit cards?

Was man einkaufen kann

Obst und Gemüse

Ananas	pineapple
Apfel	apple
Banane	banana
Birne	pear
Erdbeere	strawberry
Gurke	cucumber
Kirsche	cherry
Kopfsalat	lettuce
Orange	orange
(grüne, gelbe, rote) Paprika	(green, yellow, red) pepper
Pfirsich	peach
Pflaume	plum
Tomate	tomato
Weintrauben	grapes
Zitrone	lemon

Drogerieartikel

Creme	cream
Duschbad	shower gel
Feuerzeug	lighter
Handtuch	towel
Hustenbonbons	cough drops
Hustentropfen	cough mixture
Kerzen	candles
Kohletabletten	charcoal tablets
Kopfschmerztabletten	headache tablets
Lippenstift	lipstick
Nasenspray	nasal spray
Nasentropfen	nose drops

Drogerieartikel

Papiertaschentücher	tissues/paper handkerchiefs
Seife	soap
Shampoo	shampoo
Sonnencreme	sun cream
Streichhölzer	matches
Tierfutter	pet food
Toilettenpapier	toilet paper
Zahnbürste	toothbrush
Zahncreme	toothpaste

Schreibwaren

Bleistift	pencil
Briefmarke	stamp
Briefpapier	letter paper
Briefumschlag	envelope
Buntstift	crayon/ coloured pencil
Kugelschreiber	ballpoint
Lineal	ruler
Postkarte	post card
Radiergummi	eraser, rubber
Spitzer	sharpener
Stift	pen
Zeitschrift	magazine
Zeitung	newspaper

Technik

Adapter	adaptor
Akku	rechargeable battery
Batterie	battery
Blitzlicht	flash/flashlight

Technik

Film	(roll of) film
Fotoapparat	camera
Speicherkarte	memory card
USB-Stick	memory stick

Kleidung

Badeanzug	swimsuit
Badehose	swimming trunks
BH	bra
Bikini	bikini
Bluse	blouse
Hemd	shirt
Hose	trousers (*BE*), pants (*AE*)
Jacke	jacket (*leichte Jacke*) coat (*dicke Jacke*)
Jeans	jeans, denim
Kleid	dress
Pullover	jumper
Rock	skirt
Schuhe	shoes
Socken	socks
Stiefel	boots
Strumpfhose	tights
Sweatshirt	sweatshirt
T-Shirt	t-shirt
Weste	waist coat

nützliche Vokabeln

offen	open
geschlossen	closed
Sommerschlussverkauf	summer sale(s)
Winterschlussverkauf	winter sale(s)

Arzt und Apotheke

Beim Arzt

Nehmen Sie bitte im Wartezimmer Platz.	Please take a seat in the waiting room.
Was ist los?	What's wrong?
Was fehlt Ihnen?	What's wrong with you?
Haben Sie ...?	Have you got ...?/Do you have ...?
Ich habe ...	I have (got) ...
Er hat .../Sie hat ...	He/She has (got) ...
Kopfschmerzen	a headache
Halsschmerzen	a sore throat
Bauchschmerzen	a pain in my stomach
Ohrenschmerzen	a pain in my ear
eine Erkältung	a cold
Fieber	a temperature
eine Magenverstimmung	an upset stomach
hier Schmerzen	pain here
Mir geht's nicht gut.	I don't feel well.
Mir ist ...	I feel ...
Ihm/Ihr ist ...	He/She feels ...
übel	sick
Ich habe mir den Fuß verstaucht.	I have sprained my ankle.
Sie hat sich den Arm gebrochen.	She has broken her arm.
Ich wurde von einer Schlange gebissen.	I was bitten by a snake.
Mich hat eine Wespe/Biene gestochen.	I was stung by a wasp/bee.
Ich brauche ...	I need ...
ein Pflaster	a plaster
Medizin	medicine
Gute Besserung.	Get well soon.

Beim Zahnarzt

Ich habe Zahnschmerzen.	I have a toothache.
Ich habe ein Loch in meinem Zahn.	I have a hole in my tooth./ I have a cavity in my tooth.
Ein Stück von meinem Zahn ist abgebrochen.	Part of my tooth has broken off.
Ich muss bohren.	I am going to have to drill that tooth.
Wir setzen eine Füllung ein.	We'll put in a filling.
Möchten Sie eine Amalgam- oder Kunststofffüllung?	Would you like an amalgam or composite filling?
Ich muss den Zahn ziehen.	I'll have to pull that tooth.
Nicht ziehen!	Don't pull that tooth!
Könnte ich eine Betäubungsspritze bekommen?	Could I get an anaesthetic, please?

In der Apotheke

Haben Sie ein Mittel gegen ...?	Have you got anything for ...?
Ich möchte gern Tabletten für ...	I'd like some tablets for ..., please.
Ich brauche Tropfen für ...	I need drops for ..., please.
Ich brauche etwas gegen ...	I need something for ..., please.
Blasen an den Füßen	blisters
Heuschnupfen	hay fever
Sonnenbrand	sunburn
Halsschmerzen	sore throats
Kopfschmerzen	headaches
Regelschmerzen	period pains
Erkältung	colds
eine verstopfte Nase	a blocked nose
Lippenherpes	cold sores
Fußpilz	dermatophyte
Durchfall	diarrhoea
Verstopfung	constipation
Sodbrennen	heartburn
Das gibt es nur auf Rezept.	It's only available on prescription.
Sind Sie über mögliche Nebenwirkungen informiert?	Are you informed about possible side effects?

Einnahme von Medikamenten

Nehmen Sie die Medizin ...	Take this medicine ...
... mal am Tag	... times per day
... Tage lang	for ... days
vor dem Essen	before meals
nach dem Essen	after meals

Allergien

Haben Sie Allergien oder Unverträglichkeiten?	Do you have any allergies or intolerances?
Könnte es eine allergische Reaktion sein?	Could it be an allergic reaction?
Ich würde Ihnen einen Allergietest empfehlen.	I would recommend an allergy test.
Reagieren Sie allergisch auf ...?	Do you have an allergy to ...?
Ich reagiere allergisch auf ... Ich bin allergisch gegen ...	I am allergic to ...
Er/Sie ist allergisch gegen ...	He/She is allergic to ...
Pollen	pollen
Hausstaub	dust
Katzen	cats
bestimmte Lebensmittel	certain foods
bestimmte Medizin	certain medications
Dagegen bin ich allergisch.	I am allergic to that.
Ich reagiere auf fast alles allergisch.	I am allergic to almost everything.

Körperteile, Organe und Krankheiten

Körperteile

Arm	arm
Auge	eye
Bauch	belly
Bein	leg
Brust	breast
Daumen	thumb
Ellenbogen	elbow
Faust	fist
Finger	finger
Fuß	foot (*plural:* feet)
Fußgelenk	ankle
Gesäß	buttocks, bottom
Haare	hair
Hals	neck
Hand	hand
Handgelenk	wrist
Hüfte	hip
Kinn	chin
Knie	knee
Kopf	head
Lippe	lip
Mund	mouth
Nase	nose
Nasenloch	nostril
Oberarm	upper arm
Oberschenkel	thigh
Ohr	ear
Po	bottom, bum

Körperteile

Rücken	back
Schläfe	temple
Schulter	shoulder
Stirn	forehead
Taille	waist
Unterarm	underarm, forearm
Unterschenkel	lower leg
Wade	calf (*plural:* calves)
Wange	cheek

Zahn
  Schneidezahn
  Eckzahn
  Backenzahn
  Weisheitszahn
	tooth (*plural:* teeth)
	  incisor
	  canine tooth
	  molar
	  wisdom tooth

Zeh	toe
Zunge	tongue

Organe

Becken	pelvis
Blase	bladder
Blinddarm	appendix
Brustkorb	chest
Darm	intestine
Gebärmutter	womb, uterus
Gehirn	brain
Gelenk	joint
Herz	heart
Knochen	bone
Leber	liver
Lunge	lung
Magen	stomach
Milz	spleen, lien

Organe

Muskel	muscle
Niere	kidney
Rippe	rib
Schädel	skull
Schlüsselbein	collarbone, clavicle
Unterleib	abdomen
Wirbelsäule	spine

Krankheiten

Angina	angina
Allergie	allergy
Ausschlag	rash
Erkältung, Schnupfen	cold
Grippe	flu
Magen-Darm-Grippe	gastric flu
Lebensmittelvergiftung	food poisoning
Alkoholvergiftung	alcohol poisoning
Blutvergiftung	blood poisoning
Blasenentzündung	cystitis
Nierenentzündung	nephritis
gebrochenes Bein	broken leg
gebrochener Arm	broken arm
Gehirnerschütterung	concussion
Hirnhautentzündung	meningitis
Asthma	asthma
Asthma-Anfall	asthma attack
Windpocken	chicken pox
Masern	measels
Ziegenpeter, Mumps	mumps
Herzinfarkt	heart attack

Beim Friseur

Termin vereinbaren

Ich hätte gern einen Termin.	I'd like to make an appointment.
Brauche ich einen Termin?	Do I need an appointment?
Kann ich gleich dableiben?	Are you able to see me now?
Wann ist der nächstmögliche Termin?	How soon can I get an appointment?
Wäre Ihnen ... recht?	Would ... suit you?
Könnten Sie in einer Stunde wieder-kommen?	Could you come again in an hour?

Frisuren

Bob	bob
Stufenschnitt	layered cut
Kurzhaarschnitt	short haircut
Dreadlocks, Rastalocken	dreads
Hochfrisur	upswept hairstyle
Föhnfrisur	blow-dry style
Igelschnitt	crew cut
Haarknoten	bun, knot

Frisur

Wie hätten Sie's gern?	What would you like?
Wie soll ich Ihnen die Haare schneiden?	How would you like your hair cut?
Ich hätte gern eine Frisur wie diese/auf diesem Bild.	I'd like a haircut like this.
Glauben Sie, dass diese Frisur/Farbe mir stehen würde?	Do you think this haircut/colour would suit me?
Ich hätte gern ... die Spitzen geschnitten einen Bob etwas anderes eine moderne Frisur blonde Strähnchen	I'd like a ..., please a trim a bob something different a modern haircut blond highlights
Könnten Sie mir die Haare ...? färben/tönen/glätten	Could you ... my hair, please? dye/colour/smooth down
Könnten Sie mir die Haare eindrehen?	Could you put my hair in curlers, please?
Welche Farbe hätten Sie gern?	What colour would you like?
Welche dieser Farben hätten Sie gern?	Which of these colours would you like?
Diese Farbe gefällt mir gut.	I like this colour.
Ich habe vollstes Vertrauen in Ihre Fähigkeiten.	I have complete confidence in your ability.
Ich hoffe, Sie wissen, was Sie da tun.	I hope you know what you're doing.
Wie kurz soll ich schneiden?	How short would you like it?
Schneiden Sie nicht zu kurz.	Please don't cut it too short.
Ich mag Kurzhaarschnitte (nicht).	I (don't) like short hair cuts.
Möchten Sie die Haare nach vorn, nach hinten oder zur Seite?	Would you like your hair brushed forwards, back or to the side?

nützliche Vokabeln

Haarschnitt, Frisur	hair cut
Shampoo	shampoo
Gel	gel
Haaraufheller	hairlightener
Strähnchen	highlights
färben	dye
tönen	colour
Bürste	brush
Kamm	comb
Föhn	hairdryer
Friseur	hairdresser
glätten	smooth down
Glätteisen	iron
Schere	scissors
Pflegespülung	conditioner
Locken	curls, curly hair
glatte Haare	straight hair
Bart	beard
Schnauzbart	mustache
Lockenwickler	curler
Haarfestiger	setting lotion
Trockenhaube	hairdryer
Schuppen	dandruffs
Pony	fringe/bangs (*AE*)
Zopf, Pferdeschwanz	pony tail
Perücke	wig
rasieren	shave

Wetter

Wie ist das Wetter?

Wie ist das Wetter heute?	What's the weather like today?
Wie wird das Wetter morgen?	What will the weather be like tomorrow?
Schöner Tag heute.	Nice day today.
Was für ein schreckliches Wetter!	What awful weather!
Was für ein herrlicher Tag!	What a lovely day!
Es regnet.	It's raining.
Oje, es regnet.	Too bad, it's raining.
Es schneit.	It's snowing.

Es ist ...	It's ...
Morgen wird es ...	Tomorrow will be ...
Es bleibt ...	It will stay/remain ...
Es wird ...	It will be ...
Gestern war es ...	Yesterday was ...
Für die Jahreszeit ist es recht ...	It's rather ... for this time of year.
sonnig/wolkig	sunny/cloudy
neblig	foggy
stürmisch/windig	stormy/windy
kalt/warm/heiß	cold/warm/hot
trocken	dry
kälter/kühler/wärmer	colder/cooler/warmer

Es ist 1 Grad minus.	It's one degree below zero.
Es sind 2 Grad plus.	It's two degrees above zero.
Für diese Jahreszeit sind die Temperaturen sehr mild.	Temperatures have been very mild for this time of year.
Für diese Jahreszeit regnet es ziemlich viel.	It's been raining a lot for this time of year.

nützliche Vokabeln

Frühling	spring
Sommer	summer
Herbst	autumn, fall (*AE*)
Winter	winter
Jahreszeit	season, time of year
Temperatur	temperature
gefühlte Temperatur	apparent temperature
Hochdruckgebiet	high-pressure area
Tiefdruckgebiet	low-pressure area
Blitz	lightning
Donner	thunder
Gewitter	thunderstorm
Nebel	fog/mist
Überschwemmung	flood/flooding
Hitze	heat
Trockenheit	drought
Wetterbericht	weather report/weather forecast
Unwetter	violent storm
Frost	frost
Glatteis	black ice
Regen	rain
Hagel	hail
Graupel	soft hail
Schnee	snow
Wind	wind
Sturm	storm
Orkan	hurricane
Wolke	cloud
bedeckt	overcast
bewölkt	cloudy
wechselhaft	changeable

Ausgehen

Sich verabreden

Wann treffen wir uns?	What time are we meeting?
Treffen wir uns um 18 Uhr.	Let's meet at six pm.
Passt es dir um acht?	Does 8 o'clock suit you?
Das würde mir gut passen.	That would suit me fine.
Ist das nicht zu früh?	Isn't that a bit early?
Wir treffen uns um zwei hier.	We'll meet here at 2 o'clock.
Wir treffen uns halb zwölf vor dem Club.	We'll meet in front of the club at half past eleven.
Soll ich dich abholen?	Shall I pick you up?
Kannst du mich abholen?	Could you pick me up?
Ich hole dich um ... ab.	I'll pick you up at ....

Tanzen

Lass(t) uns tanzen!	Let's dance!
Möchtest du tanzen?	Do you want to dance?
Ja, gern.	Yes, I'd like to.
Ich bin zu müde.	I'm too tired.
Ich mag das Lied nicht.	I don't like that song.
Wollen wir noch mal tanzen?	Would you like another dance?

Danke, aber ich möchte ...
  mich ausruhen
  zu meinen Freunden
  jetzt gehen
	Thank you, but I'd like to ...
	  rest for a while
	  join my friends
	  leave now

Du tanzt toll.	You are a great dancer.

Musik

Gefällt dir ...?	Do you like ...?
das Lied	that song
die Musik	the music

Ja.	Yes, I do.

Total.	Absolutely.

Ich liebe dieses Lied!	I love that song!

Das ist mein Lieblingslied.	It's my favourite song.

Nicht so. Ich mag lieber ...	Not really, I prefer ...
Popmusik	pop music
Rockmusik	rock music
klassische Musik	classical music
Jazz	jazz

Der DJ ist ...	The DJ is ...
Die Band ist ...	The band is ...
Die Musik ist ...	The music is ...
toll	great
okay	okay
schrecklich	awful

Die Musik ist sehr laut.	The music is really loud.

Man kann nichts verstehen.	You can't hear what people are saying.

Theater, Konzert

Welches Stück/Musical würdest du gern sehen?	Which play/musical would you like to see?
Würdest du gern ...gehen? in die Oper ins Konzert zum Ballett	Would you like to go and see ...? an opera a concert a ballet
Ich möchte bitte zwei Karten für ... vorbestellen.	I'd like to book two tickets for ..., please.
Ich hätte gern einen Platz im Parkett.	I'd like a seat in the stalls.
Es gibt noch Karten.	There are still tickets left.
Es gibt keine Karten mehr.	There are no tickets left.
Die Vorstellung beginnt 20 Uhr.	The performance starts at 8 pm.

nützliche Vokabeln

Parkett	stalls
erster Rang	dress circle
zweiter Rang	balcony
Loge	box
Abendvorstellung	evening performance
Frühvorstellung	matinée
Schauspieler/ Schauspielerin	actor/actress
Sänger	singer
Theaterkasse	box office/ticket office
Publikum	audience
Applaus	applause
applaudieren	give applause
Platzanweiser/Platzanweiserin	usher/usherette

Flirten

Die Lage checken

Schau mal!	Look!
Ist er/sie nicht süß?	Isn't he/she cute?
Ich bin verrückt nach ihm/ihr.	I'm crazy about him/her.

Ich finde ihn/sie ...
  gut
  blöd
  toll
  umwerfend
  sympatisch
	I think he/she is ...
	  lovely
	  awful
	  great
	  awesome
	  nice

Meinst du, er/sie mag mich?	Do you think he/she likes me?
Ich habe mein Bestes getan.	I did my best.
Er/Sie hat mich nicht mal bemerkt.	He/She didn't even notice me.

Verabredungen

Möchtest du ...?
  mit mir tanzen
  mit mir am Strand
  spazieren gehen
  die Nacht mit mir verbringen
  mich heiraten
	Would you like to ...?
	  dance with me
	  walk along the beach
	  with me
	  spend the night with me
	  marry me

Darf ich ...?
  dich zum Abendessen einladen
  dir einen Drink spendieren
  dich küssen
	May I ...?
	  invite you to dinner
	  buy you a drink
	  kiss you

Wörter und Wendungen

Schwarm	crush
heißer Typ, Schmacko	hottie, hearthrob, cutie
Süße, Schnitte, Babe	cutie, babe, honey
die (wahre) Liebe	(real) love
lieben	to love
Ich liebe dich.	I love you.

Wörter und Wendungen

mögen	to like
Ich mag dich.	I like you.
jemanden anquatschen jemanden anmachen	chat somebody up
Anmachspruch	chat-up line
Liebesschwur	oath of love
Liebesbeweis	proof of love

Liebesschwüre

Du bist wunderschön.	You're simply beautiful.
Du bist einfach umwerfend.	You're just adorable.
Ich hab Schmetterlinge im Bauch.	I have butterflies in my tummy.
Ich bin total verknallt.	I'm head over heels in love.
Ich glaub, wir sind für einander geschaffen.	I think we are made for each other.
Babe, du bist meine absolute Nummer eins.	Babe, you're my number one.
Ich steh total auf dich.	You've got me hooked.
Ich bin rattenscharf auf dich.	I'm totally nuts about you.
Ich kann deinem Charme nicht widerstehen.	I can't resist your charms.
Ich bin verrückt nach dir.	I'm crazy about you.
Ich hab mich total in dich verknallt.	I've a major crush on you.
Du hast mir mein Herz geraubt.	My heart is in your hands.
Du bist der Traum meiner schlaflosen Nächte.	You keep me awake at nights.
Du hast mich verzaubert.	I'm under your spell.
Ich werde dich für immer und ewig lieben.	I will always love you.
Ich kann dich nicht vergessen.	I cannot get you out of my head.
Ich denke Tag und Nacht an dich.	I keep thinking about you day and night.
Du bist unglaublich.	You are unbelievable.
Du raubst mir den Atem.	You take my breath away.
Du bist unwiderstehlich.	You are irresistible.

Grundzahlen

1	one	21	twenty-one
2	two	22	twenty-two
3	three	23	twenty-three
4	four	24	twenty-four
5	five	25	twenty-five
6	six	26	twenty-six
7	seven	27	twenty-seven
8	eight	28	twenty-eight
9	nine	29	twenty-nine
10	ten	30	thirty
11	eleven	31	thirty-one
12	twelve	40	forty
13	thirteen	50	fifty
14	fourteen	60	sixty
15	fifteen	70	seventy
16	sixteen	80	eighty
17	seventeen	90	ninety
18	eighteen	100	one hundred
19	nineteen	1,000	one thousand
20	twenty	1,000,000	one million

Zehner

Bei Zahlen ab 100 wird vor die Zehner ein *and* gesetzt (im amerikanischen Englisch kann *and* aber auch weggelassen werden).

110 – one hundred and ten
1,250 – one thousand, two hundred and fifty
2,001 – two thousand and one

Hunderter

Bei der Zahl 100 muss *a* oder *one* verwendet werden, *a* kann aber nur am Anfang einer Zahl stehen.

100 – a hundred/one hundred
2,100 – two thousand, one hundred

Tausender und Millionen

Für *a* und *one* gilt das gleiche wie bei den Hundertern.

1,000 – a thousand/one thousand
201,000 – two hundred and one thousand

Tausender werden durch Kommas getrennt (nicht durch Punkte).

57,458,302

Ordnungszahlen

1st	first		21st	twenty-first
2nd	second		22nd	twenty-second
3rd	third		23rd	twenty-third
4th	fourth		24th	twenty-fourth
5th	fifth		25th	twenty-fifth
6th	sixth		26th	twenty-sixth
7th	seventh		27th	twenty-seventh
8th	eightth		28th	twenty-eighth
9th	ninth		29th	twenty-ninth
10th	tenth		30th	thirtieth
11th	eleventh		31st	thirty-first
12th	twelfth		40th	fortieth
13th	thirteenth		50th	fiftieth
14th	fourteenth		60th	sixtieth
15th	fifteenth		70th	seventieth
16th	sixteenth		80th	eightieth
17th	seventeenth		90th	ninetieth
18th	eighteenth		100th	one hundredth
19th	nineteenth		1,000th	one thousandth
20th	twentieth		1,000,000th	one millionth

Im Englischen werden Ordnungszahlen nicht mit Punkt geschrieben.

Ausschreiben der Zahlen

Grundzahl + *th:*
  four – fourth

Ausnahmen:
  one – first
  two – second
  three – third
  five – fifth
  eight – eighth
  nine – ninth
  twelve – twelfth

Nur die letzte Ziffer wird zur Ordnungszahl:
  151st = one hundred and fifty-first

Ziffern

Die beiden letzten Buchstaben des Wortes anhängen:
  first = 1st
  second = 2nd
  third = 3rd
  fourth = 4th

Titel

Bei Königen und Königinnen wird die Ordnungszahl als römische Zahl geschrieben.

Beim Aussprechen des Titels wird vor die Ordnungszahl der bestimmte Artikel gesetzt:

  Charles II – Charles the Second
  Henry VIII – Henry the Eighth

Uhrzeit

	informal	formal
6:00	six o'clock	six o'clock
6:05	five past six	six oh five
6:15	a quarter past six	six fifteen
6:20	twenty past six	six twenty
6:30	half past six	six thirty
6:31	twenty-nine to seven	six thirty-one
6:45	a quarter to seven	six forty-five
6:50	ten to seven	six fifty

Die erste Variante (2. Spalte) ist die üblichere. Bei förmlicheren
Anlässen wird die zweite Variante (3. Spalte) bevorzugt.

Da die Uhrzeit im Englischen meist nur im 12-Stunden-Rhythmus angege-
ben wird (nicht wie im Deutschen mit 24 Stunden), steht bei geschriebenen
Uhrzeiten häufig der Zusatz *a.m.* oder *p.m.*

a.m. (ante meridiem) – vormittags (vor 12 Uhr mittags)
p.m. (post meridiem) – nachmittags, abends (nach 12 Uhr mittags)

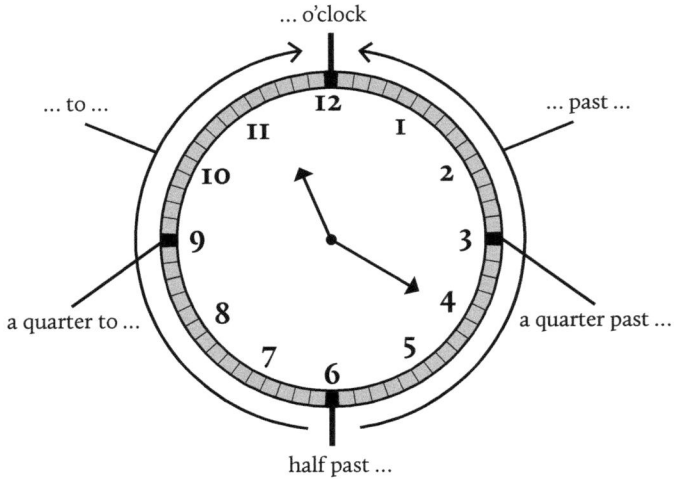

Datum

Monate

Januar	January
Februar	February
März	March
April	April
Mai	May
Juni	June
Juli	July
August	August
September	September
Oktober	October
November	November
Dezember	December

Wochentage

Montag	Monday
Dienstag	Tuesday
Mittwoch	Wednesday
Donnerstag	Thursday
Freitag	Friday
Samstag	Saturday
Sonntag	Sunday
Wochenende	weekend
Wochentag	weekday
Arbeitstag	working day
Feiertag	(public) holiday

Aussprache

Es gibt zwei Möglichkeiten, das Datum auszusprechen:
- erst der Tag (Ordnungszahl), dann der Monat
- erst der Monat, dann der Tag (Ordnungszahl)

Bei der ersten Variante (Tag vor Monat) spricht man vor dem Tag den bestimmten Artikel mit und vor dem Monat die Präposition *of*.
    5 October 2004 - the fifth of October, two thousand and four

Bei der zweiten Variante (Monat vor Tag) wird im britischen Englisch der bestimmte Artikel mitgesprochen, im amerikanischen Englisch kann er weggelassen werden.
    October 5, 2004 – October (the) fifth, two thousand and four

Vokabeln zu Uhrzeit und Datum

nützliche Vokabeln mit Zeitangaben

eben, vorhin	a moment ago
jetzt	now
gleich/bald	in a moment/soon
später	later
früher oder später	sooner or later
nie	never
immer	always
in zehn Minuten	in ten minutes
in einer Viertelstunde	in fifteen minutes
in drei Viertelstunden	in three quarters of an hour
in einer halben Stunde	in half an hour
in einer Stunde	in an hour
in zwei Stunden	in two hours
vor zwei Stunden	two hours ago
nach drei Stunden	after three hours
heute	today
morgen	tomorrow
übermorgen	the day after tomorrow
gestern	yesterday
vorgestern	the day before yesterday
neulich	the other day
diese Woche	this week
nächste Woche	next week
in einer Woche	in a week
vor einer Woche	a week ago
nächsten Monat	next month
in einem Monat	in a month
letzten Monat	last month
vor einem Jahr	a year ago
vor langer Zeit	ages ago

Feiertage

Neujahr	New Year
Dreikönigsfest	Epiphany
Valentinstag	Valentine's Day
Ostern	Easter
Christi Himmelfahrt	Ascension Day
Pfingsten	Whitsun
Muttertag	Mother's Day
Vatertag	Father's Day
Allerheiligen	All Saints' Day
Volkstrauertag	Remembrance Day
Weihnachten	Christmas
Heiligabend	Holy Night
Silvester	New Year's Eve
Nationalfeiertag	national holiday
Freiheitstag	Freedom Day
Tag der Wiedervereinigung	Reunification Day
Tag der Einheit	Unitiy Day
Tag der Schlacht von ...	Battle of ... Day

Feiertage in englischsprachigen Ländern

Independence Day	Unabhängigkeitstag
Republic Day (z. B. in Indien, Malta)	Tag der Republik
Groundhog Day	Murmeltiertag
Human Rights Day	Tag der Menschenrechte
Freedom Day	Tag der Freiheit
ANZAC Day (Australian New Zealand Army Corps)	Gedenktag für in den Weltkriegen gefallenen Australier/Neuseeländer
Juneteenth (USA)	Tag der Sklavenbefreiung
Admission Day (Hawaii, Kalifornien)	Tag des Beitritts in den Staatenbund der USA
Reconciliation Day (Südafrika)	Tag der Versöhnung (verschiedener ethnischer Gruppen am Ende der Apartheid)
Remembrance Day	Gedenktag für Kriegsopfer

Eigene Vokabeln

....

....

....

....

....

....

....

....

....

....

....

....

....

....

....

....

....